2
READER

Tiny Terrors

Terrores diminutos

By Katharine Kenah

WATERBIRD BOOKS
Columbus, Ohio

School Specialty
Children's Publishing

Copyright © 2005 School Specialty Children's Publishing. Published by Waterbird Books, an imprint of School Specialty Children's Publishing, a member of the School Specialty Family.

Library of Congress Cataloging-in-Publication Data is on file with the publisher.

Send all inquiries to:
School Specialty Children's Publishing
8720 Orion Place
Columbus, OH 43240-2111

ISBN 0-7696-3813-9

1 2 3 4 5 6 7 8 9 10 PHXBK 10 09 08 07 06 05 04

Some small things make you say,
"Come quick! Look at this."
A puppy.
A butterfly.
A starfish.
But some small things make you say,
"Stay away! Do not come near."
Turn the page to meet
some little monsters.

Algunas cosas pequeñas te hacen decir,
—¡Ven rápido! Mira esto.
Un cachorro.
Una mariposa.
Una estrella de mar.
Pero algunas cosas pequeñas te hacen
decir,
—¡Mantente lejos! No te acerques.
Voltea la página para conocer a unos
monstruos pequeños.

Blue Poison Dart Frog

Look high in the tree.
What do you see?
The frog that you see is
the color of the sky.
Do not touch it.
Its skin is covered with poison.

La rana venenosa azul

Mira a lo alto del árbol.
¿Qué ves?
La rana que ves tiene el
color del cielo.
No la toques.
Su piel está cubierta de veneno.

Blue-Ringed Octopus

Look into the tide pool.
What do you see?
The octopus that you see is
no longer than your finger.
Do not touch it.
If its rings are blue, it may bite you.

El pulpo de anillos azules

Mira el pozo que deja la marea.
¿Qué ves?
El pulpo que ves no es
más largo que tu dedo.
No lo toques.
Si sus anillos son azules,
te puede morder.

Flea

Look on your pet.
What do you see?
The flea that you see is
smaller than a grain of rice.
Do not touch it.
It may bite you.

La pulga

Busca en tu mascota.
¿Qué ves?
La pulga que ves es más
pequeña que un grano de arroz.
No la toques.
Te puede picar.

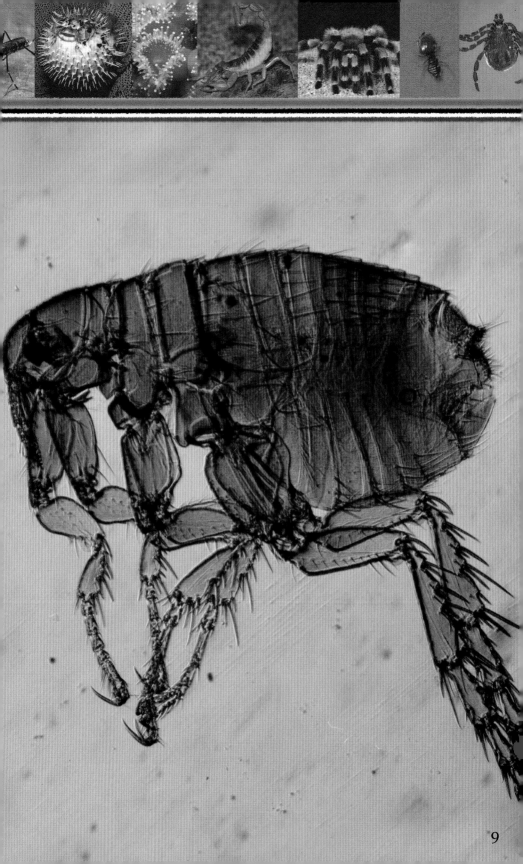

Fly

Look at your lunch.
What do you see?
The fly that you see is
tasting your lunch.
It is using its feet to taste.
Do not touch it.
Flies carry lots of germs.

La mosca

Mira tu almuerzo.
¿Qué ves?
La mosca que ves está
probando tu almuerzo.
Usa sus patas para probar.
No la toques.
Las moscas llevan
muchos gérmenes.

Killer Bee

Look on the flower.
What do you see?
The bee that you see is
a kind of honeybee.
It guards its hive and honey well.
Do not touch one.
Bees like this one sting.

La abeja africana

Mira la flor.
¿Qué ves?
Lo que ves es
una clase de abeja.
Vigila la colmena y también la miel.
No la toques.
Abejas como esta pican.

Hornet

Look under that roof.
What do you see?
The hornet that you see builds a nest.
Its nest is made out of paper.
Do not touch one.
A hornet stings again and again.

El avispón

Mira debajo de ese techo.
¿Qué ves?
El avispón que ves construye un nido.
El nido está hecho de papel.
No lo toques.
El avispón puede picar una
y otra vez.

Mantis Shrimp

Look into the water.
What do you see?
The mantis shrimp
that you see is fast.
It is a mighty fighter.
Do not touch one.
Its sharp claws can cut you.

La gamba mantis

Mira dentro del agua.
¿Qué ves?
La gamba mantis
que ves es rápida.
Es una luchadora poderosa.
No la toques.
Sus garras afiladas te pueden cortar.

Mosquito

Look on your arm.
What do you see?
The mosquito that you see
can find you by sight.
It can find you by smell.
It can find you when you are hot.
Do not let it bite you.
It will make you itch.

El mosquito

Mira tu brazo.
¿Qué ves?
El mosquito que ves te
puede encontrar con la vista.
Te puede encontrar por el olor.
Te puede encontrar cuando
estás caliente.
No dejes que te pique.
Te hará sentir picazón.

Puffer Fish

Look into the ocean.

What do you see?

The puffer fish that you see puffs up.

It puffs up when it senses danger.

Do not eat one!

A puffer fish is full of poison.

El pez globo

Mira en el océano.

¿Qué ves?

El pez globo que ves se infla.

Se infla cuando percibe el peligro.

¡No te lo comas!

El pez globo está lleno de veneno.

Sea Anemone

Look at that coral reef.
What do you see?
The sea anemone that you see
looks like a flower.
It moves in the water to catch food.
Do not touch one.
It will sting you.

La anémona de mar

Mira el arrecife de coral.
¿Qué ves?
La anémona de mar que ves
se parece a una flor.
Se mueve en el agua
para atrapar comida.
No la toques.
Te va a picar.

Scorpion

Look on that sunny rock.
What do you see?
The scorpion that you see
likes warm, dark places.
It hunts at night.
Do not touch one.
The scorpion has poison in its tail.

El alacrán

Mira sobre esa soleada roca.
¿Qué ves?
Al alacrán que ves le gustan
los lugares cálidos y oscuros.
Caza durante la noche.
No lo toques.
El alacrán tiene veneno en la cola.

Tarantula

Look in that hole.
What do you see?
The spider that you see
is a tarantula.
It is as big as a hand.
Do not poke one.
A tarantula will bite you.

La tarántula

Mira en ese hoyo.
¿Qué ves?
La araña que ves
es una tarántula.
Es tan grande como una mano.
No la molestes.
La tarántula te morderá.

Termite

Look in the wood.
What do you see?
The termite that you see
lives in a group called a *colony*.
Do not keep them in your house!
A colony of termites can
chew up a whole house.

Las termitas

Mira en la madera.
¿Qué ves?
Las termitas que ves viven
en un grupo llamado *colonia*.
¡No las dejes en tu casa!
Una colonia de termitas
puede masticar toda una casa.

Tick

Look on that deer.
What do you see?
The tick that you see is tiny.
It looks like a raisin with legs.
Do not touch one.
A tick sucks your blood.
It can make you sick.

La garrapata

Mira en ese ciervo.
¿Qué ves?
La garrapata que ves es diminuta.
Se parece a una uva pasa con patas.
No la toques.
La garrapata chupa tu sangre.
Puede hacer que te enfermes.

EXTREME FACTS ABOUT TINY TERRORS

- A flea can jump 100 times its length.
- Bees cannot see the color red.
- Mosquitoes' wings beat around 600 times a second.
- When scorpions sense danger, they pretend to be dead.
- An elephant can fit inside of an empty termite mound.

¡HECHOS CURIOSOS ACERCA DE LOS TERRORES DIMINUTOS!

- Una pulga puede saltar hasta 100 veces su tamaño.
- Las abejas no pueden ver el color rojo.
- Los mosquitos baten las alas unas 600 veces por segundo.
- Cuando los alacranes sienten el peligro, fingen estar muert
- Un elefante puede caber dentro de un montículo desocupad de termitas.